DON BOSCO

Rossa & Rossa

Die 50 besten Spiele gegen Cybermobbing

MiniSpielothek

Gerne nehmen wir Ihre Anregungen, Wünsche, Kritik oder Fragen entgegen:
Don Bosco Medien GmbH, Sieboldstraße 11, D-81669 München
anregungen@donbosco-medien.de
Servicetelefon: +49(0)89 48008-341

Bibliografische Information der Deutschen Nationalbibliothek

Die Deutsche Nationalbibliothek verzeichnet diese Publikation in der Deutschen Nationalbibliografie; detaillierte bibliografische Daten sind im Internet über http://dnb.d-nb.de abrufbar.

1. Auflage 2021 / ISBN 978-3-7698-2520-6

www.donbosco-medien.de
Umschlag: Don Bosco Medien GmbH, München
Umschlaggrafik: jihane37/stock.adobe.com
Layout: Alexandra Paulus
Satz: Don Bosco Medien GmbH, München
Druck: Don Bosco Druck & Design, Ensdorf

Gedruckt auf umweltfreundlichem Papier

Inhalt

Hinweis: *Einige Spiele und Übungen in diesem Buch können direkt mit dem Smartphone der Teilnehmer gespielt werden. Voraussetzung dafür ist, dass die Rufnummern untereinander bereits bekannt sind und die Zustimmung der Eltern sowie der verantwortungsvolle Umgang mit den Rufnummern vorab sichergestellt werden.*

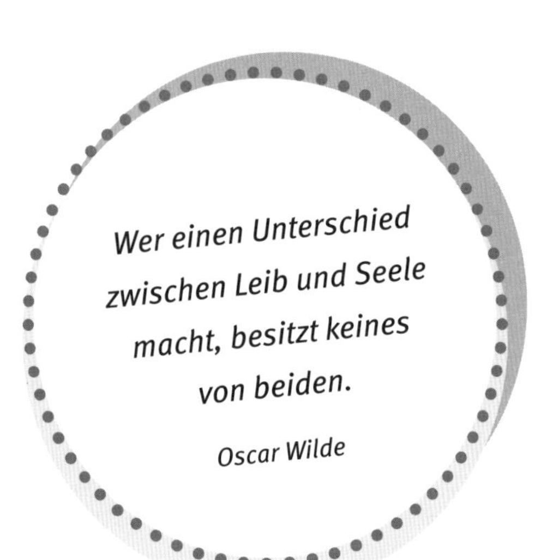
Wer einen Unterschied
zwischen Leib und Seele
macht, besitzt keines
von beiden.
Oscar Wilde

Cybermobbing: „ERKENNEN“

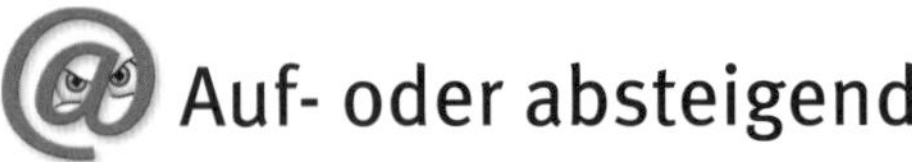

Auf- oder absteigend

Alle Teilnehmer bewegen sich frei durch den Raum und tauschen sich über folgende Fragen aus. Im Anschluss an jede Frage stellen sie sich so in einer Reihe auf, dass der Teilnehmer mit der höchsten Anzahl ganz rechts und der mit der geringsten Anzahl ganz links steht.

Fragen

- Wie viel Zeit verbringe ich täglich im Internet?
- Wie viele Nachrichten schreibe ich täglich?
- Wie vielen Leuten/Influencern folge ich?
- Wie viele Follower habe ich?

Im Anschluss an jede Runde sollten die Ergebnisse thematisiert werden, z. B. mit der Frage: „Womit verbringst du die Zeit im Internet und was macht dir dabei besonders Spaß?“

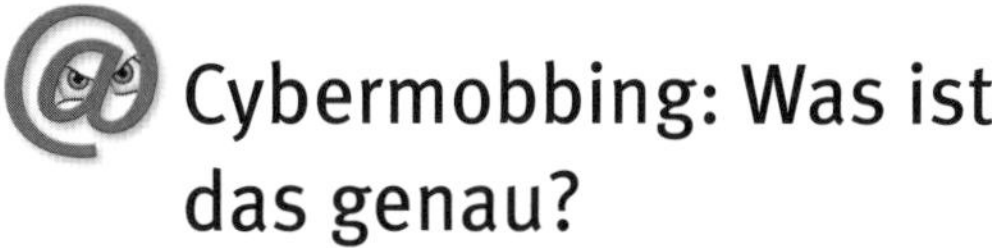

Cybermobbing: Was ist das genau?

Alle Teilnehmer dürfen mit ihrem Smartphone im Internet nach einer Definition für das Wort „Cybermobbing“ suchen. Nachdem jeder Teilnehmer eine Definition gefunden hat und sich diese auf einem Blatt Papier aufgeschrieben hat, werden die Definitionen verglichen und ergänzt. So soll am Ende an der Tafel eine Definition entstehen, mit der alle Teilnehmer einverstanden sind und die alle Aspekte beinhaltet.

Beispiel für eine Definition

Cybermobbing ist, wenn ich jemanden über das Internet oder das Smartphone fertigmache, um meine Macht zu zeigen.

Material

Smartphones

2

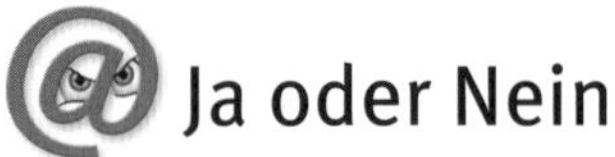

Ja oder Nein

In der Mitte des Raumes wird eine circa drei Meter lange Linie gezogen. Dafür kann ein Seil ausgelegt werden oder eine Linie mittels Klebeband auf den Boden geklebt werden. Bevor die Spielleitung die geschlossenen Fragen vorliest, wird festgelegt, auf welcher Seite der Linie die Antwort Ja lautet und auf welcher Seite Nein. Nachdem die Frage vorgelesen wurde, stellen sich die Teilnehmer entsprechend ihrer Antwort auf. Im Anschluss an jede Runde sollten die Ergebnisse thematisiert werden.

Fragen

- Benutzt ihr Whatsapp?
- Habt ihr im Internet Profile, z. B. bei Snapchat, TikTok oder Instagram?
- Gebt ihr persönliche Daten in die Profile ein (Name, Geburtstag, Wohnort)?
- Wisst ihr, was Cybermobbing ist?
- Habt ihr schon einmal jemanden im Netz gemobbt?
- Wurdet ihr schon einmal im Netz selbst gemobbt?

Hinweis

Die Fragestellungen sind beispielhaft und können beliebig erweitert werden.

Material

Seil oder Klebeband

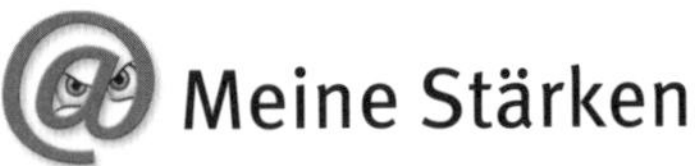

Meine Stärken

Alle Teilnehmer bewegen sich mit Papier und Stift durch den Raum. Sobald sie einen anderen Teilnehmer treffen, stellen sie sich gegenseitig und nacheinander folgende Fragen:

- Was sind meine Stärken?
- Was hast du gedacht, als du mich das erste Mal gesehen hast?
- Auf welcher Internetseite, denkst du, hätte ich sicher Spaß?

Nachdem jeder mit jedem gesprochen hat, werden die aufgeschriebenen Infos sortiert.
Bevor die Teilnehmer im nächsten Schritt die Chance bekommen, sich über die erhaltenen Informationen auszutauschen, sollen folgende Fragen gemeinsam beantwortet werden:

- Kann es schwierig sein, im Internet oder am Smartphone Komplimente zu machen, wenn ja, warum?
- Ist es leichter, im Netz jemanden zu loben oder zu kritisieren?
- Welche Gefahr steckt hinter einer persönlichen Kritik im Netz und wie könnte man diese umgehen?

Neue Medien

Die Teilnehmer werden in Kleingruppen aufgeteilt (drei bis fünf Personen) und erhalten den Auftrag, zu recherchieren, was genau mit dem Begriff „neue Medien“ gemeint ist. Nachdem jede Kleingruppe eine Definition erarbeitet hat, tauschen sich die Teilnehmer in der Kleingruppe darüber aus, wer was davon nutzt und wozu er es verwendet. Im Anschluss werden die Ergebnisse der Kleingruppen an der Tafel zusammengetragen.

Variation

Die Teilnehmer sollen gemeinsam überlegen, welche Vor- und Nachteile jedes Medium hat, z. B.:
Das Smartphone ist ein „neues“ Medium. Vorteil: Ich habe immer direkten Kontakt zu meinen Freunden und verpasse keine Neuigkeiten. Nachteil: Alle schauen ständig auf ihr Smartphone und interessieren sich weniger für die Dinge, die um sie herum passieren.

Der Mobber

Alle Teilnehmer sitzen im Kreis. Nachdem ein Cyberinspektor ausgewählt und kurz vor die Tür geschickt wurde, wird ein Teilnehmer zum Mobber bestimmt. Sobald der Cyberinspektor wieder im Kreis sitzt, können die Teilnehmer sich kreuz und quer im Kreis unterhalten. Der Mobber versucht unentdeckt zu bleiben und „mobbt“ die Teilnehmer, indem er ihnen zublinzelt. Wer gemobbt wurde, lässt den Kopf hängen, hört auf, sich zu unterhalten, und zeigt damit, dass er traurig ist. Der Cyberinspektor versucht herauszufinden, wer der Mobber ist. Sobald die Hälfte der Gruppe gemobbt wurde oder der Cyberinspektor dreimal falsch geraten hat, gewinnt der Mobber und wird zum neuen Inspektor.

Variation

Es können auch mehrere Cyberinspektoren oder mehrere Mobber gleichzeitig ausgewählt werden.

Hinweis

Je mehr Mobber bestimmt werden, desto schwieriger wird es für den Cyberinspektor. Je mehr Cyberinspektoren im Spiel sind, desto schwieriger wird es für den Mobber. Dies gilt sowohl im Netz als auch im echten Leben.

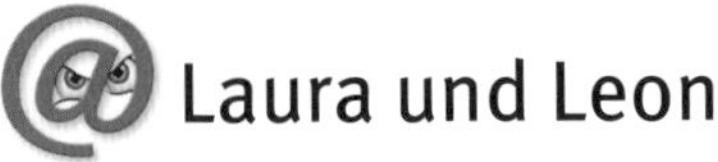

Laura und Leon

Die Teilnehmer werden in zwei Gruppen aufgeteilt. Gruppe 1 sind Lauras Freunde, Gruppe 2 sind Leons Freunde.

Folgendes ist passiert: Beim letzten Schulausflug hat sich die gesamte Klasse für das Freibad entschieden. Als Leon mit seinem neuen Smartphone ein Selfie von sich und seinen Freunden auf der Wiese gemacht hat, ist ihm nicht aufgefallen, dass Laura im Badeanzug im Hintergrund durch das Bild gelaufen ist und auf dem Bild nun ihr Po zu sehen ist. Auf der Heimfahrt im Bus bekommt Laura das Bild zufällig zu sehen und fordert weinend, dass Leon es sofort löscht. Leon weigert sich, da das Bild den Freunden so gut gefällt. Schnell kommt es zu einem Streit zwischen Lauras und Leons Freunden.

Die Teilnehmer spielen diese Situation in einem Rollenspiel nach und versuchen, die andere Gruppe von der eigenen Meinung zu überzeugen.

Jede Gruppe bekommt fünf Minuten Zeit, um sich auf das Streitgespräch vorzubereiten.

Variationen

- Im Hintergrund auf dem Foto ist zu sehen, dass Lukas gerade hinfällt.
- Im Hintergrund auf dem Foto ist zu sehen, dass Julian gerade weint und von der Lehrerin getröstet wird.
- Im Hintergrund auf dem Foto ist zu sehen, dass Mia und Lars sich gerade küssen.

7

Apfel gegen Sesam

Die Teilnehmer werden in zwei Gruppen aufgeteilt und stellen sich gegenüber voneinander auf. Eine Gruppe ist das Team Apfel, die andere Gruppe ist das Team Sesam. Jedes Team ist davon überzeugt, das bessere Smartphone zu haben, und darf das auch laut sagen. Die Spielleitung ruft nun entweder laut „Apfel“, dann versuchen die Mitglieder der Apfel-Gruppe, die Sesam-Gruppe zu fangen, oder die Spielleitung ruft „Sesam“, dann bildet die Sesam-Gruppe die Fänger. Wer gefangen wurde, gehört anschließend zur anderen Gruppe. Die Gruppe, die alle Mitglieder der anderen Gruppe fängt, gewinnt.
Im Anschluss sollte besprochen werden, wie sich die Mitglieder der einzelnen Gruppen im Verlauf des Spiels gefühlt haben.

Hinweis

Für dieses Spiel ist ausreichend Platz erforderlich. Es bietet sich an, das Spiel daher in der Aula, der Sporthalle oder auf dem Pausenhof zu spielen.

Ist doch nur Spaß

Jeder Teilnehmer schaut auf seinem eigenen Smartphone nach, ob er ein witziges Bild oder einen witzigen Spruch unter seinen Nachrichten findet, das oder den er selbst zugeschickt bekommen hat. Zudem muss der Teilnehmer bereit sein, das Bild oder den Spruch mit der ganzen Gruppe zu teilen.

Im Anschluss zeigen die Teilnehmer nacheinander der ganzen Gruppe das Bild oder den Spruch. Mit Handzeichen stimmen alle darüber ab, ob das Bild oder der Spruch wirklich witzig oder doch gemein ist.

Hinweis

Sprechen Sie davor mit den Teilnehmern über die Fragen: Wann sind Bilder oder Sprüche witzig und wann sind sie gemein? Was ist das Witzige und für wen ist es witzig? Wo liegt die Grenze zwischen witzig und gemein?

Material

Smartphones

Anti-Cybermobbing: Regeln

Die Teilnehmer werden in Kleingruppen aufgeteilt (drei bis fünf Personen) und überlegen innerhalb der Gruppe, welche Regeln für alle wichtig sind, damit kein Cybermobbing passieren kann. Nachdem die Kleingruppen ihre Regeln auf einem Flipchart aufgeschrieben haben, werden diese der Gesamtgruppe vorgestellt. Im Anschluss einigen sich alle Kleingruppen auf gemeinsame Regeln, die von allen unterschrieben werden und im Klassenraum aufgehängt werden.

Beispiele für Regeln

- Wir gehen respektvoll miteinander um.
- Wir halten zusammen.
- Jeder ist wichtig.
- Wenn ich verärgert oder wütend auf jemanden bin, spreche ich das in der Schule persönlich und offen an.

Variation

Zusätzlich können mögliche Konsequenzen besprochen werden.
Beispiele für Konsequenzen:

- Beleidigungen und Bedrohungen im Netz werden vor Unterrichtsbeginn sofort im Klassenrat besprochen.
- Wer Unwahrheiten oder Unterstellungen verbreitet hat, soll diese im Klassenrat richtigstellen und sich angemessen entschuldigen.

Material

Flipchart

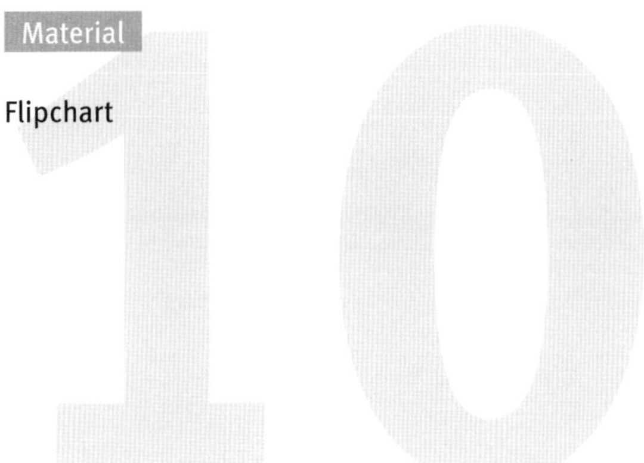

Cybermobbing:
„VERSTEHEN“

Ich wurde schon mal gemobbt

Die Teilnehmer sitzen im Stuhlkreis und die Spielleitung wirft einen Ball einem Teilnehmer zu. Dieser fängt an, eine Fantasiegeschichte zu erzählen. Die Geschichte beginnt mit dem Satz: „Ich wurde schon mal im Netz gemobbt, als ich ...“ Nach wenigen Sätzen wird der Ball zum nächsten Teilnehmer geworfen, der die Mobbing-Geschichte aus der Ich-Perspektive weitererzählt. Sobald alle Teilnehmer etwas zur Mobbing-Geschichte beigetragen haben, sammeln alle gemeinsam die wesentlichen Mobbing-Elemente der Geschichte: Was ist passiert? Wer hat wen auf welche Art und Weise gemobbt und wie hätte man sich am besten verhalten, damit es nicht soweit kommt?

11

Material

Ball

 Was war das noch mal?

Die Teilnehmer werden in sechs Kleingruppen aufgeteilt. Jede Kleingruppe darf ein Smartphone zum Recherchieren verwenden. Jede Kleingruppe bekommt einen Begriff, der im Anschluss an die Kleingruppenarbeit der Gesamtgruppe vorgestellt wird. Zusätzlich erarbeitet jede Kleingruppe eine Beispielsituation, durch die der jeweilige Begriff gut und deutlich erklärt wird.

Begriffe

- Denigration (absichtliche Verbreitung von üblen Gerüchten)
- Impersonation (sich für jemand anderen ausgeben)
- Exclusion (jemand anderen ausschließen)
- Harassment (jemanden belästigen)
- Flaming (sich provozierend an andere richten)
- Cyberstalking (über elektronische Medien andere belästigen und/oder einschüchtern)

Variation

Die Kleingruppen spielen die Situation als Rollenspiel vor, durch das der jeweilige Begriff erklärt wird.

Material

pro Kleingruppe ein Smartphone

Messenger-Fangen

Ein Teilnehmer wird ausgesucht. Er ist der Administrator (Admin) der Messenger-Gruppe. Als Admin darf er der Gruppe einen Namen geben, z. B. „Lady Gaga ist die Beste“. Nun ruft er den Gruppennamen, wähzrend alle anderen weglaufen. Dabei versucht er, jemanden zu fangen. Wer gefangen wurde, wird Mitglied der Gruppe, gibt dem Admin die Hand und ruft ebenfalls den Gruppennamen, während beide gemeinsam versuchen, noch mehr Mitglieder für die Gruppe zu fangen. Jedes weitere Mitglied gibt dem nächsten ebenfalls die Hand, sodass eine Reihe entsteht. Das Messenger-Fangen endet, sobald alle Teilnehmer gefangen wurden.

Hinweise

- Für dieses Spiel sollte ausreichend Platz vorhanden sein, z. B. auf dem Pausenhof.
- Je größer die Fänger-Gruppe wird, desto schwieriger und anstrengender wird es, ihr zu entkommen. Dies kann mit den Teilnehmern anschließend im Zusammenhang mit Cybermobbing thematisiert werden.

@ Aufgenommen werden

Nachdem ein Teilnehmer ausgewählt wurde, bilden die anderen Teilnehmer einen Kreis und geben sich die Hände oder haken sich ein. Der Kreis stellt eine geschlossene Gruppe dar, in die der Außenstehende gern aufgenommen werden möchte. Er versucht mit allen Mitteln, in die Gruppe zu kommen, während die Gruppe versucht, das zu verhindern. Nach zwei Minuten wird der Versuch beendet und alle Beteiligten werden nach ihren Erfahrungen und Gefühlen befragt. Dabei wird auch die Frage thematisiert: Hatte der Außenstehende eine Chance, ein Teil der Gruppe zu werden?

Jeder Teilnehmer darf die Rolle des Außenstehenden einmal übernehmen und versuchen, auf welche Art und Weise es möglich sein könnte, in die Gruppe aufgenommen zu werden.

14

 Spaß oder gemein

Jeder Teilnehmer erhält zehn Karteikarten und formuliert fünf Aussagen über andere, die witzig sind, und fünf Aussagen über andere, die gemein sind. Es soll sich dabei um allgemeine Aussagen handeln, die nicht auf eine bestimmte Person der Gruppe bezogen sind. Im Anschluss werden in der Mitte des Stuhlkreises zwei Papiere ausgelegt. Auf einem steht das Wort „Spaß“ und auf dem anderen das Wort „Gemein“.
Nacheinander dürfen die Teilnehmer ihre Karteikarten in der Mitte in eine Reihenfolge von „Spaß“ bis „Gemein“ bringen. So entsteht eine Reihe mit einer klaren Abstufung.
Nach jeder Runde kommen alle Teilnehmer über die Reihe und die Aussagen ins Gespräch und erklären, ob sie mit der Reihenfolge einverstanden sind oder ob sie manche Karteikarten anders legen würden.

Material

pro Teilnehmer zehn Karteikarten

Recht haben

Die Teilnehmer werden in Dreiergruppen aufgeteilt und erhalten pro Gruppe einen der folgenden Paragrafen, den sie später der Gesamtgruppe erklären sollen. Nachdem sie den Inhalt des Paragrafen mit ihrem Smartphone recherchiert haben, überlegen sie sich eine passende Geschichte dazu. Diese führen sie im Anschluss der Gesamtgruppe vor und erläutern damit die Bedeutung und den Inhalt.

- § 185 StGB (Beleidigung)
- § 186 StGB (Üble Nachrede)
- § 187 StGB (Verleumdung)
- § 33 KunstUrhG (Verletzung des Rechts am eigenen Bild)
- § 201a StGB (Höchstpersönlicher Lebensbereich)
- § 201 StGB (Vertraulichkeit des Wortes)
- § 131 StGB (Gewaltdarstellung)
- § 223 StGB (Körperverletzung)

Material

Smartphones

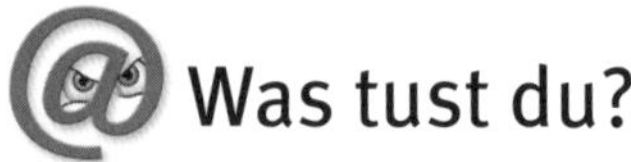

Was tust du?

In der Mitte des Sitzkreises befindet sich eine Schale. In der Schale sind einige Zettel mit Nachrichten. Die Teilnehmer werden aufgefordert, nacheinander einen Zettel zu ziehen und die Nachricht darauf laut vorzulesen. Anschließend muss der Teilnehmer entscheiden, ob er die Nachricht löscht, speichert oder weiterleitet. Zusätzlich soll die eigene Entscheidung und das weitere Vorgehen mit der Nachricht kurz erklärt werden. Bei Meinungsverschiedenheiten können sich die Teilnehmer darüber austauschen.

Beispiele für Nachrichten

- Mariam und Flo haben sich vor der Schule geküsst.
- Wenn Frau Meyer morgen krank ist, haben wir frei.
- Meine Eltern sind heute nicht da, kommst du vorbei?
- Ich habe heute keine Lust auf die Hausaufgaben.
- Hast du gesehen, wie Maya mich heute angesehen hat?
- Das war totaler Quatsch, Leon ist so ein Lügner.

- Hast du gesehen, wie sich Cara ihr Pausenbrot reingestopft hat?
- War ja klar, dass K. wieder keine Hausaufgaben gemacht hat.
- Ich war froh, dass die dumme Kuh mich nicht drangenommen hat.
- Die Jungs sind heute wieder total affig.
- Wenn ich Mia sehe, dann wird mir immer ganz warm.
- Ziemlich cool von dir, danke, dass du mir geholfen hast.
- Die versteht doch gar nichts.

Material

17

Schale, vorbereitete Zettel mit Nachrichten

Hör mal

Während die Teilnehmer im Kreis sitzen, wird eine kurze Geschichte von Teilnehmer zu Teilnehmer leise weitergeflüstert. Jeder Teilnehmer darf die Geschichte ein wenig verändern und damit interessanter für die anderen machen.
Die Spielleitung beginnt mit folgender Geschichte: „Mia hat seit Montag Handyverbot, weil herausgekommen ist, dass sie von Mirko heimlich ein TikTok-Video gemacht hat.“
Nachdem die Geschichte einmal durch den Kreis gewandert ist, werden die Anfangs- und die Endversion der Geschichte verglichen. Gemeinsam überlegen alle, ob sich Nachrichten im Netz genauso verändern.

Variation

Jeder Teilnehmer darf eine eigene Geschichte losschicken und sehen, wie sich die eigene Geschichte verändert.

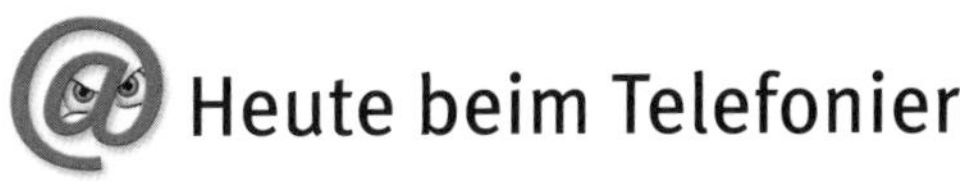

Heute beim Telefonieren

Die Teilnehmer gehen ruhig durch den Raum und tun so, als ob sie gerade mit ihrem Handy telefonieren. In der Mitte des Raumes befindet sich ein Stuhl, auf dem zu Beginn die Spielleitung steht. Die Spielleitung ruft nun ein Gefühl in den Raum (z. B. wütend), woraufhin die Teilnehmer beginnen, ihr Telefonat wütend zu führen. Nach kurzer Zeit ruft die Spielleitung das nächste Gefühl (z. B. traurig, lustig, verliebt) und alle Teilnehmer spielen dieses Gefühl nach.

Variation

Die Teilnehmer dürfen nacheinander selbst auf den Stuhl steigen und Gefühle oder Situationen nennen, die von den anderen nachgespielt werden. Auf diese Art und Weise können die Teilnehmer wahrnehmen, welche Vorstellung und Zuschreibung die anderen zu den Emotionen haben und wie sie diese darstellen.

19

Die Filmbesprechung

Die Teilnehmer schauen sich gemeinsam das Video „Let's fight it together“ an, das von Childnet produziert wurde und auf www.donbosco-medien.de/bonusseite2520 zur Verfügung steht. Im Anschluss wird der Inhalt und der Verlauf gemeinsam besprochen.
Im nächsten Schritt werden die Teilnehmer in vier Kleingruppen aufgeteilt und erhalten den Auftrag, Joe, Kim, die Mutter/die Lehrerin oder Rob einzeln zu betrachten und folgende Fragen zu beantworten:

- Wie verhält sich und handelt die Person im Video?
- Welche Gründe gibt es für das Verhalten?
- Wie hätte sich die Person verhalten sollen?

Nachdem die Kleingruppen ihre Ergebnisse präsentiert haben, erarbeiten alle gemeinsam Strategien, damit so etwas nicht in der eigenen Klasse passieren kann.

Material

Gerät zum Abspielen des Films, Internetzugang

Cybermobbing: „EINGREIFEN“

Gang des Grauens

Jeder Teilnehmer denkt für sich darüber nach, welche Beleidigungen, unangenehmen Aussagen oder Andeutungen ihn in einem Gruppenchat persönlich kränken würden. Im nächsten Schritt wird ein Freiwilliger ausgesucht und alle anderen Teilnehmer stellen sich mit einer Armlänge Abstand zueinander in zwei Reihen auf. Der Freiwillige geht im eigenen Tempo zwischen den beiden Reihen durch, während die einzelnen Teilnehmer dem Freiwilligen die zuvor überlegten Beleidigungen/Aussagen/Andeutungen zuflüstern. Der Freiwillige darf von den Teilnehmern nicht festgehalten werden.
Im Anschluss findet eine Austauschrunde statt, in der folgende Fragen besprochen werden:

- Wie habe ich mich gefühlt?
- Was habe ich gehört?
- Was hat mich getroffen?
- Was würde ich im „echten Leben“ antworten?
- Was kann ich machen, wenn mir so etwas im Netz passiert, z. B. in einer Messenger-Gruppe?

Variation

Die Reihen stehen einander mit weniger als einer Armlänge Abstand gegenüber. Je enger die Teilnehmer in den Reihen stehen, desto schwieriger wird es für den Freiwilligen, durch die Reihen zu kommen, und desto mehr Zeit haben die Teilnehmer, dem Freiwilligen die Aussagen zuzuflüstern.

Hinweis

Bei dieser Übung haben die Teilnehmer die Chance nachzuempfinden, wie es sich anfühlt, massiv mit Beleidigungen etc. konfrontiert zu werden. Zudem können sie gemeinsam nach ersten Bewältigungsstrategien suchen.

21

Warmer Regen im Netz

Alle Teilnehmer dürfen sich einen positiven Fantasienamen geben und treffen sich in einer Chatgruppe. Wer einen warmen „Netzregen“ bekommen möchte, schreibt seinen richtigen Namen in die Gruppe und alle Teilnehmer beginnen, positive Eigenschaften der Person in die Gruppe zu schreiben. Die Teilnehmer erhalten dafür den Auftrag, dass jeder mindestens eine gute Eigenschaft oder Aussage zur Person schreiben muss. Sobald es aufhört zu regnen, darf der Nächste seinen Namen in die Gruppe schreiben und der warme Regen beginnt erneut.

Hinweise

- Manchmal entstehen kurze Pausen zwischen den Aussagen, deshalb ist es wichtig, die Gruppe auch kurz über positive Eigenschaften nachdenken zu lassen und den „Regen“ nicht zu früh abzubrechen.
- Diese Übung hilft dabei, die eigene Ambivalenzfähigkeit zu steigern.

Kettenbriefe unterwegs

Jeder Teilnehmer überlegt sich zwei Kettenbriefe: einen positiven mit einer tollen Belohnung und einen negativen mit einer Bestrafung, wenn dieser geteilt oder nicht geteilt wird.
Die Teilnehmer sitzen im Kreis und der erste Kettenbrief wird auf die Reise geschickt und reihum weitergegeben. Wer einen Kettenbrief erhält, liest ihn und entscheidet, ob er diesen teilt oder löscht. Geteilte Kettenbriefe werden weitergegeben, gelöschte Kettenbriefe werden auf den Boden gelegt. Kettenbriefe, die wieder beim Absender ankommen, sind besonders und werden laut vorgelesen. Die Teilnehmer dürfen erklären, warum sie den Kettenbrief weitergegeben haben.

Beispiele

- Wenn du deine Mutter liebst, dann gib diese Nachricht weiter. Wenn du diese Nachricht ignorierst, wird sie krank und kann sterben.
- Du bist ein mega Freund. Wenn du diese Nachricht weitergibst, wird dir noch heute jemand etwas Gutes tun.

 Cybermobbing wirkt

Die Teilnehmer werden darüber informiert, dass ein erfundenes Gruppenmitglied in den vergangenen Monaten Opfer von massiven Beleidigungen im Netz und auch in der Klassengruppe geworden ist. Wie die Teilnehmer sicher bemerkt haben, kommt die betreffende Person bereits seit mehreren Wochen nicht mehr regelmäßig zur Schule. Nach einem Elterngespräch mit der Schulsozialarbeiterin ist klar geworden, dass es der Person sehr schlecht geht und folgendes Verhalten und folgende Probleme bestehen:

- Ausweichendes Verhalten (möchte nicht über die Ursache sprechen)
- Leistungsabfall
- Konzentrationsprobleme
- Schlafstörungen
- Steigende Fehlzeiten
- Isolation
- Zerbrechende Freundschaften
- Vermeidungsverhalten
- Rückzügliches Verhalten
- Zunehmende Traurigkeit
- Angst- und Panikattacken
- Minderwertigkeitsgefühle

Die Spielleitung schreibt nacheinander die Begriffe an die Tafel. Die Gruppe diskutiert über jeden einzelnen Begriff und überlegt gemeinsam, was das Wort bedeutet, und wie sich das jeweilige Problem im Alltag bemerkbar macht.

Variation

Die Begriffe werden im Internet recherchiert. Anschließend werden sie mittels Moderationskarten ausgelegt und in Beziehung zueinander gesetzt.

Material

evtl. Internetzugang und Moderationskarten

24

Und jetzt (Teil II zu Übung „Cybermobbing wirkt“)

Die Teilnehmer sind über die Gründe des Fernbleibens der Person (siehe Übung „Cybermobbing wirkt“) informiert.
Gemeinsam entwickelt die Gruppe nun in dieser Übung Strategien, wie sie der Person helfen kann. Die Spielleitung erwähnt vor der Übung, dass die Gruppe in der Zwischenzeit auch die Personen ausfindig gemacht hat, die für das Cybermobbing in der Klassengruppe verantwortlich waren. Auf erstes Nachfragen hin haben diese nur gesagt: „Das haben wir nicht gewollt, das war keine Absicht.“
Alle Teilnehmer überlegen gemeinsam, was nun getan werden kann, damit sich die Person, die gemobbt wurde, in der Gruppe wieder besser fühlt und sich in Zukunft so etwas nicht wiederholt.

Hinweise

- Handlungsschritte sollen dabei konkret formuliert werden, z. B.: „Ich rufe sie an.“/„Ich besuche die Person heute und sage ihr, dass ich sie mag und ihr zur Seite stehe.“/„Ich schicke der Person eine Nachricht und biete ihr an, morgen gemeinsam mit ihr zur Schule zu fahren.“
- Mögliche Regeln sollten aufgeschrieben und aufgehängt werden.

Die „VW-Regel“

Anhand eines Beispiels, gegebenenfalls auch anhand eines aktuellen Streites, verdeutlicht die Spielleitung, wie häufig im Rahmen von Auseinandersetzungen die Personen sich gegenseitig Vorwürfe machen. Sie erläutert zudem, warum Wünsche an dieser Stelle viel hilfreicher gewesen wären. Alle Teilnehmer werden aufgefordert, die Vorwürfe des Anfangsbeispiels der Spielleitung durch Wünsche zu ersetzen.

Beispiel

Aron und Ahmet sind auf dem Pausenhof beim Fußballspielen in einen Streit geraten. Dabei schreit Aron Ahmet an und sagt: „Junge, du bist voll der Honk, mach mal die Augen auf. Ich stand hier frei und hätte schießen können. Am besten gehst du ins Tor.“ Formulierung mit Wünschen: „Ich wünsche mir, dass du dich, wenn du das nächste Mal den Ball hast, kurz umschaust, und falls jemand günstiger zum Tor steht als du, dass du dann einen Pass spielst. Damit gibst du die Vorlage zu unserem nächsten Tor.“

Variation

Jeder Teilnehmer denkt sich mögliche Vorwürfe aus und ersetzt diese durch geeignete Wünsche, z. B.:

- Vorwurf: „Du regst dich viel zu schnell auf.“
- Wunsch: „Ich wünsche mir, dass du erst mal ruhig bleibst und mir zuhörst.“

 Harmonie in allen Ecken

Die Teilnehmer werden darüber informiert, dass bereits kleinere Meinungsverschiedenheiten und zu Beginn unbedeutende Streitigkeiten die Grundlage für späteres Cybermobbing sein können.
Damit es erst gar nicht dazu kommt, sammeln die Teilnehmer Möglichkeiten, wie sie zukünftig mit Meinungsverschiedenheiten umgehen möchten.
Die Ideen der einzelnen Teilnehmer werden wie folgt in die Gruppe eingebracht:
„Wenn ich einen Streit habe, wünsche ich mir in Zukunft ..., um das schneller, einfacher und besser zu klären.“

Beispiele

- ... dass wir das Problem direkt ansprechen und klären
- ... dass wir trotz Meinungsverschiedenheit wertschätzend miteinander umgehen
- ... dass wir miteinander und nicht übereinander reden

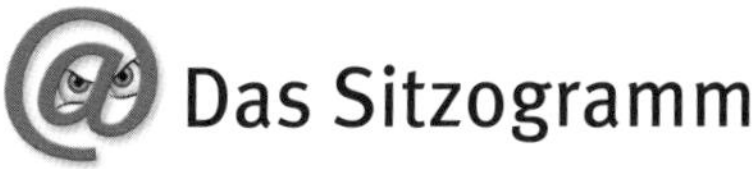

Das Sitzogramm

Die Teilnehmer setzen sich verteilt im Raum auf ihre Stühle. Ein Freiwilliger darf nun die Teilnehmer zueinander in Beziehung setzen und je nach persönlicher Beziehung nah oder entfernt voneinander platzieren. Sobald der Freiwillige fertig ist, darf er sich seinen eigenen Platz im „Sitzogramm“ suchen und sich setzen. Im nächsten Schritt verändern die anderen Teilnehmer das „Sitzogramm“ nach ihren Vorstellungen. Die Teilnehmer dürfen dazu nacheinander Einfluss auf das gleiche Sitzogramm nehmen. Meinungsverschiedenheiten werden thematisiert und diskutiert. Wenn alle Teilnehmer ihren Platz gefunden haben und mit dem zugewiesenen Platz zufrieden sind, erhält die Gruppe den Auftrag, ein optimales Gruppen-Sitzogramm zu erstellen.

Hinweis

Nähe und Distanz können thematisiert werden. Die Fragestellung dabei lautet: „Was würde euch helfen, damit ihr zukünftig näher zusammensitzen könnt?“ Dies hilft auch, Konflikte zu verbalisieren.

Blitzschnell

Die Teilnehmer sitzen im Kreis und legen die rechte Hand beim rechten Nachbarn und die linke Hand beim linken Nachbarn auf das Knie. Die Spielleitung schickt nun ein kurzes Handzeichen als Nachricht los, das von Teilnehmer zu Teilnehmer still und so schnell wie möglich weitergegeben wird. Sobald die Nachricht wieder bei der Spielleitung angekommen ist, weiß sie, ob die Nachricht sich verändert hat. Durch eine Abfolge von kurzen, langen, sanften und festeren Impulsen können die Nachrichten verändert werden. Alle Teilnehmer dürfen nacheinander eine eigene „Nachricht“ verfassen und diese durch die Gruppe schicken.

Variation

Ein Freiwilliger, der in der Mitte des Kreises steht, versucht durch ein Stoppzeichen an einen Teilnehmer das weitere „Senden“ zu verhindern.

Hinweis

In dieser Übung stecken zwei wesentliche Elemente. Durch das gemeinsame Bewältigen und die Nähe wird das Wir-Gefühl gestärkt. Zudem wird deutlich, dass sich Nachrichten durch die Weitergabe grundsätzlich verändern können, und dass dies auch auf Textnachrichten zutrifft.

IN-and-OUT-Liste

Jeder Teilnehmer erhält zehn Moderationskarten in derselben Farbe. Auf diesen verschriftlicht er fünf Themen, die er für interessant, wissenswert und für gute Themen hält, und fünf Themen, die seiner Meinung nach uninteressant, peinlich und unnötig sind. Jeder Teilnehmer mischt seine zehn Karten gut durch. Daraufhin liest jeder Teilnehmer nacheinander seine Themen vor. Die Gruppe gibt ihre Einschätzung zum Thema folgendermaßen bekannt:

- Daumen nach oben: Das ist ein IN-Thema.
- Daumen nach unten: Das ist ein OUT-Thema.

Auf dem Boden werden alle Themen gut sichtbar zugeordnet, sodass die Gruppe einen Überblick über IN- und Out-Themen erhält. So finden die Teilnehmer gemeinsame Themen, über die sie sich austauschen können, und auch Themen, die besser vermieden werden sollten.

Material

pro Teilnehmer zehn Moderationskarten

Cybermobbing: „MITFÜHLEN“

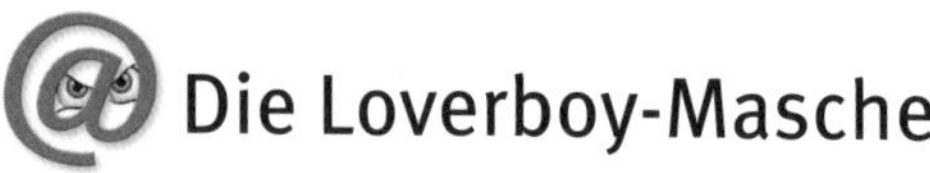

Die Loverboy-Masche

Drei freiwillige Teilnehmer spielen die zwei Szenen mit folgendem Dialog nach:

Szene 1 (Lea und Rick)

- Lea: „Obwohl wir uns über das Internet kennengelernt haben und ich dich noch nicht so lange kenne, muss ich jeden Tag an dich denken.“
- Rick: „Ich liebe dich auch und freue mich schon, dass wir uns bald sehen. Ich halte es jedoch nicht mehr aus, bitte schicke mir noch heute ein Foto, auf dem ich deine ganze Schönheit bewundern kann. Und denk bitte daran, dass du niemandem, auch nicht deinen Eltern, von mir erzählst, die würden das nicht verstehen.“

Szene 2 (Lea und Marie)

- Marie: „Lea, du meldest dich in der letzten Zeit kaum noch, seitdem du diesen geheimnisvollen älteren Freund hast und ihr ständig miteinander

chattet. Was ist denn jetzt aus seinen Geldsorgen geworden?“
- Lea: „Ich liebe ihn und er liebt mich. Das mit dem Geld kriegen wir schon hin und jetzt frag nicht so viel, ich hatte ihm sowieso versprochen, dir nichts davon zu erzählen.“

Im Anschluss kommen alle Teilnehmer ins Gespräch und tauschen sich über die Szenen aus. Dabei können folgende Fragen angesprochen werden:

- Was ist passiert?
- Wer hat was gesagt?
- Welche mögliche Gefahr steckt dahinter?
- Was sollte Lea besser machen?
- Was ist zu tun?
- Wo gibt es Hilfe?
  Nützliche Links zum Thema finden Sie auf www.donbosco-medien.de/bonusseite2520

 Schneller, als du denkst

Alle Teilnehmer erhalten drei Karteikarten und drei Wäscheklammern. Jeder Teilnehmer schreibt auf jede seiner Karteikarten einen „Mobbing-Satz“. Im nächsten Schritt wird pro fünf Teilnehmer ein Opfer ausgewählt, dem die Augen verbunden werden. Jedem Opfer werden leise jeweils vier Täter zugeteilt, die sich wortlos um das Opfer verteilen. Die Aufgabe der Täter ist es, innerhalb von fünf Minuten die Karteikarten mit den Wäscheklammern an der Kleidung des Opfers zu befestigen, ohne dass das Opfer es merkt. Nachdem die Zeit abgelaufen ist, kommen die Täter wieder zusammen und die Opfer nehmen die Augenbinden ab. Nun entfernen die Opfer die „Mobbing-Sätze“, lesen sie laut vor und raten, von welchem Täter diese stammen. Jeder richtig erratene Satz darf dem jeweiligen Täter mit der Wäscheklammer angeheftet werden.

Material

Karteikarten, Wäscheklammern, Tücher zum Verbinden der Augen

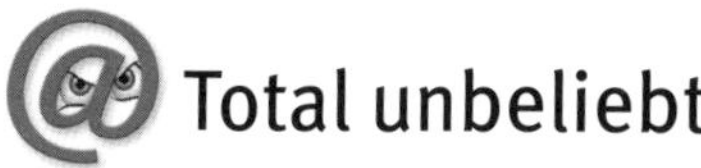

Total unbeliebt

Alle Teilnehmer bewegen sich durch den Raum. Ein Freiwilliger erhält ein rotes Tuch, das in die hintere Hosentasche gesteckt wird, dort etwas raushängt und gut zu sehen ist. Nun verhalten sich alle Teilnehmer so, als ob der Tuchträger die unbeliebteste Person auf der ganzen Welt ist, fürchterlich stinkt und ein großer Abstand zu ihm wichtig ist. Der Freiwillige bewegt sich einfach weiter durch den Raum und versucht, Kontakt zu den anderen zu bekommen.
Sobald der Freiwillige ausreichend versucht hat, Kontakt zu bekommen, darf er das Tuch an den nächsten Freiwilligen geben.

Material

rotes Tuch

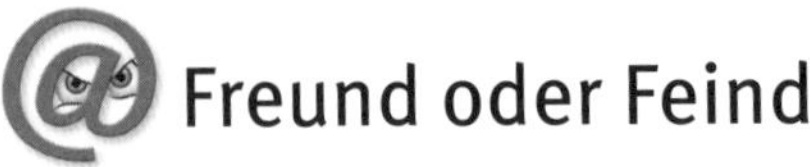

Freund oder Feind

Nachdem ein Freiwilliger den Raum verlassen hat, werden die anderen Teilnehmer in zwei Gruppen aufgeteilt. Eine Gruppe trägt den Gruppennamen „Freunde“, die andere Gruppe den Namen „Feinde“. Jede Gruppe überlegt sich einen geheimen Gruß, der zum Gruppennamen passt. Nachdem der Freiwillige wieder in den Raum geholt wurde, bewegen sich alle Teilnehmer durch den Raum und grüßen sich möglichst heimlich. Innerhalb von fünf Minuten versucht der Freiwillige anhand des Verhaltens, der Blicke und des Grußes herauszufinden, welche Teilnehmer zu welcher Gruppe gehören.

Hinweis

Wenn die Teilnehmer ihren Gruß sehr geheim machen, hilft es, auf Körpersprache, Mimik und Gestik zu achten.

Chat-Gefühle-Skala

Jeder Teilnehmer schreibt auf ein DIN-A4-Blatt eine Situation, die er in einem Messenger-Dienst erlebt hat und an die er sich noch sehr gut erinnern kann. Wichtig dabei ist, dass die Situation an ein Gefühl gekoppelt ist, z. B. „da habe ich mich besonders geärgert“ oder „da habe ich mich sehr gefreut“. Der Text sollte nicht länger sein als eine halbe Seite. Auf die untere Hälfte des Blattes wird mittig das Gefühl geschrieben, z. B. Freude oder Wut. Darunter wird eine Skala aufgemalt. Das kann ein horizontaler Strich sein, der links bei 0 beginnt und rechts bei 10 endet. Im nächsten Schritt wird das Blatt an den linken Sitznachbarn weitergegeben. Dieser liest die Situation und darf mit einem Strich auf der Skala markieren, wie stark er das beschriebene Gefühl nachvollziehen kann. Daraufhin wird das Blatt an den nächsten linken Nachbarn weitergegeben, der ebenfalls einen Strich auf der Skala einzeichnet. So geht es weiter, bis das Blatt wieder beim Absender ankommt. Anschließend werden die Rückmeldungen auf der Skala in der Gesamtgruppe besprochen.

Verborgene Gefühle

Jeder Teilnehmer versucht sich an eine Konfliktsituation zu erinnern, die er selbst erlebt hat. Folgende Merkmale sollen dabei bedacht werden:

- Welche Personen waren beteiligt? (z. B.: Nele und ich)
- Wo hat der Konflikt stattgefunden? (z. B.: auf dem Pausenhof)
- Wie kam es zu dem Konflikt? (z. B.: Nele hat schlecht über mich geredet.)
- Was haben die Beteiligten genau gesagt?
- Wie konnte der Konflikt gelöst werden?

Ein Freiwilliger stellt anschließend seinen Fall der Gruppe vor und beantwortet dabei die aufgeführten Fragen.
Im nächsten Schritt sammeln alle Teilnehmer die verborgenen Gefühle der Konfliktbeteiligten. Dabei gibt es kein Richtig oder Falsch. Jeder Teilnehmer nennt das mögliche Gefühl und begründet seine Vermutung mit einem Satz.

Hinweis

Mögliche Gefühle können vorab gemeinsam gesammelt und auf Moderationskarten im Raum ausgelegt werden. Die Teilnehmer können dann bei ihrer Einschätzung der Gefühle der Konfliktbeteiligten darauf zurückgreifen.

Variation

Es kann sich auch um ausgedachte Konfliktsituationen handeln.

Material

evtl. Moderationskarten

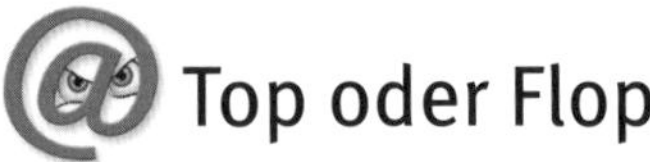

Top oder Flop

In der Mitte des Stuhlkreises wird eine Linie gezogen oder ein Seil ausgelegt, sodass zwei Hälften entstehen. Eine Hälfte steht für „Top“ (ich stimme zu), die andere für „Flop“ (ich stimme nicht zu).
Alle Teilnehmer sitzen auf ihren Plätzen. Die Spielleitung liest die erste Aussage vor und bittet alle Teilnehmer, die Situation für sich zu bewerten und sich auf die entsprechende Seite zu stellen. Anschließend wird die Aussage gemeinsam besprochen. Daraufhin folgt die nächste Aussage und die Teilnehmer ordnen sich erneut zu.

Aussagen

- Konflikte sind wichtig und passieren überall. Nur ungelöste Konflikte sind problematisch.
- Konflikte entstehen meistens, wenn die Beteiligten nicht wissen, wie sie ein Problem lösen können.
- Konflikte entstehen immer, wenn mindestens zwei Parteien unterschiedlicher Meinung sind.

- Konflikte können besser und einfacher gelöst werden, wenn die starken Gefühle nachgelassen haben.
- Es ist immer besser, wenn zwei Streitende ihren Konflikt zeitnah allein klären, als wenn ein Dritter, z. B. ein Lehrer, dazukommen muss.
- Es ist leichter, einen Konflikt zu klären, wenn man die Person, mit der man sich gestritten hat, gut kennt.
- Der beste Streitschlichter ist der, der alle Beteiligten gleich gern mag.
- Es ist leichter, sich an Zugeständnisse aus der Klärung zu halten, wenn man am Gespräch darüber beteiligt war.
- Je länger ein Streit anhält, desto schwieriger wird es, eine einfache Lösung zu finden.
- Ab einem bestimmten Zeitpunkt im Konflikt tragen alle Beteiligten einen Nachteil davon, z. B. bekommen beide Ärger oder müssen beide zur Schulleiterin.

Material

evtl. Seil

Die Stellvertreter-Lösung

Zwei Teilnehmer haben einen ausgedachten Konflikt und dürfen sich aus der Gruppe jeweils einen Stellvertreter aussuchen. Die Stellvertreter werden über den Streit und den Verlauf informiert. Beide Stellvertreter erhalten den Auftrag, eine gute Lösung zu finden.
Nun setzen sich die beiden Streitenden gegenüber auf jeweils einen Stuhl und schweigen. Die Stellvertreter stellen sich hinter die beiden Sitzenden und legen ihre Hände auf deren Schultern ab.
Im nächsten Schritt beginnen die Stellvertreter, über den Konflikt zu sprechen, und nennen dabei die wichtigen Punkte, bevor eine Stellvertreterlösung für den Konflikt erarbeitet wird. Sobald einer der beiden Sitzenden etwas zum Konflikt sagen möchte, das dringend noch gesagt werden sollte, steht er kurz dafür auf, nennt den Punkt und setzt sich anschließend wieder.
Erst wenn alle Beteiligten mit einer Lösung einverstanden sind, gilt der Konflikt als gelöst. Sollte nach fünfzehn Minuten keine Lösung gefunden worden sein, werden weitere Stellvertreter ausgewählt, die ebenfalls helfen, eine gemeinsame Lösung zu finden.

Hinweis

Es ist besser, nicht mit einem tatsächlichen Konflikt in der Gruppe zu arbeiten. Diese Übung soll dazu dienen, ein mögliches Vorgehen für einen zukünftigen Konflikt zuerst zu erproben und zu üben.

Gute Gründe

Alle Teilnehmer stehen im Kreis. Jeder Teilnehmer steht dabei auf einem DIN-A4-Blatt. Die Spielleitung liest nun einen möglichen Grund für einen Konflikt vor, z. B.: „Ich habe schon mal gestritten, weil mir jemand etwas weggenommen hat.“ Alle Teilnehmer, die deshalb schon einmal gestritten haben, gehen einen Platz nach rechts und müssen sich auf das nächste DIN-A4-Blatt stellen. Falls dort noch jemand steht, versuchen beide, auf dem Blatt Platz zu finden. Wenn alle Teilnehmer ihren Platz gefunden haben, wird der nächste Grund vorgelesen.

Beispiele

Ich habe schon einmal gestritten, ...

- weil mich jemand geärgert hat.
- weil mich jemand beleidigt hat.
- weil mir jemand etwas kaputt gemacht hat.
- weil jemand schlecht über meine Freunde gesprochen hat.
- obwohl ich gar keinen Grund hatte.
- weil jemand ein Geheimnis verraten hat.

- weil jemand gelogen hat.
- weil ich provoziert wurde.
- weil mich jemand schlagen wollte.
- weil ich Lust hatte, mich zu streiten.

Hinweise

- Die Teilnehmer helfen sich gegenseitig, auf dem Papier Platz zu finden. Ab dem vierten Teilnehmer auf einem Blatt reicht es, wenn jeder das Papier mindestens mit einem Fuß berührt.
- Die Liste kann um mögliche Gründe erweitert werden.

Schimpf-Abc

Jeder Teilnehmer schreibt mindestens fünf Schimpfwörter, die er aus dem Netz kennt, jeweils auf eine Karteikarte. Die beschriebenen Karten werden gemischt und auf einen Stapel gelegt. Ein Teilnehmer steht auf und nimmt eine Karte. Er liest das Wort laut vor und erklärt daraufhin mit wenigen Sätzen, was das Wort bedeutet. Wenn alle Teilnehmer mit der Erklärung einverstanden sind, darf sich der Teilnehmer wieder setzen, wenn nicht, wird die Bedeutung gemeinsam erarbeitet. Alle Karten werden danach vom jeweiligen Vorlesenden einem der zwei Stapel zugeteilt:

- Das Wort ist nicht schön, man kann es aber sagen.
- Das Wort geht gar nicht.

Daraufhin zieht der nächste Teilnehmer eine Karte.

40

Material

Karteikarten

Cybermobbing: „VERMEIDEN“

 Geheimnisse im Netz

Die Teilnehmer werden verdeckt in drei Gruppen aufgeteilt: Kinder, Täter und Cyberpolizei. Alle Teilnehmer befinden sich mit ihrem Smartphone bei einem vereinbarten Messenger, z. B. Whatsapp. Nachrichten werden nur von Teilnehmer zu Teilnehmer ausgetauscht. Die Teilnehmer wissen untereinander nicht, wer zu welcher Gruppe gehört. Fünfzehn Minuten lang tauschen sich die Teilnehmer entsprechend ihrer Rolle untereinander aus. Aber Vorsicht: Nicht jeder ist, wer er vorgibt zu sein!

Die Teilnehmer erhalten folgenden Auftrag: „Unter euch befinden sich Kinder, Täter und Cyberpolizisten. Jedes Kind denkt sich drei Geheimnisse aus, die während des Spiels nur mit anderen Kindern geteilt werden dürfen. Dazu wird es wichtig sein, zuerst herauszufinden, wer die anderen Kinder sind. Die Täter versuchen, das Vertrauen der Kinder um jeden Preis zu gewinnen, da sie auch sehr an den Geheimnissen interessiert sind. Die Cyberpolizisten hingegen möchten die Täter während des Spiels enttarnen.“

Nach fünfzehn Minuten endet die Spielphase und das Spiel wird aufgelöst:

- Haben es die Kinder geschafft, ihre Geheimnisse den anderen Kindern zu erzählen, ohne dass die Täter diese mitbekommen haben?
- Haben die Täter es geschafft, die Geheimnisse der Kinder in Erfahrung zu bringen?
- Haben die Polizisten die Täter enttarnt?

Im Anschluss werden die Rollen, die Aufgabe und die Herangehensweisen der Teilnehmer besprochen.

Variation

Die Cyberpolizisten dürfen bei dringendem Tatverdacht während der Spielphase einen Täter verhaften. Sollte dieser damit enttarnt worden sein, wird er verurteilt und scheidet aus der Spielrunde aus. Sollte es sich jedoch um eine falsche Verdächtigung halten, scheidet der Cyberpolizist für die Runde aus.

Material

Smartphones

Bedürfnisse im Netz

Die Spielleitung schreibt an die Tafel oder an das Whiteboard folgende Begriffe in zwei Listen auf:

Liste 1: beschämt, müde, ängstlich, hilflos, nervös, einsam, wütend, eifersüchtig, verzweifelt, bedrückt, erschrocken, ratlos, ungeduldig, entsetzt, kraftlos, besorgt, traurig

Liste 2: begeistert, frei, wach, geborgen, tatkräftig, stark, interessiert, erleichtert, zufrieden, froh, glücklich, hoffnungsvoll, dankbar, mutig, neugierig, verliebt, frisch, vergnügt, motiviert

Alle Teilnehmer schreiben für sich zu jedem Wort einen Satz. Folgende Regeln gelten dabei:

1. Alle Sätze sollen sich auf das Internet oder das Smartphone beziehen, z. B.: Ich war begeistert, als ich die Lösung im Internet gefunden habe.
2. Jeder Satz beschreibt, wann oder wodurch ich das jeweilige Gefühl erlebt habe.
3. Alle Sätze werden aus der Ich-Perspektive formuliert.

4. Habe ich ein bestimmtes Gefühl noch nicht erlebt, soll ein Wunsch hinsichtlich des Gefühls geschrieben werden, z. B.: Ich wünsche mir eine Situation, in der ich in der Klassengruppe zeigen kann, wie mutig ich bin.

Im Anschluss werden einzelne Beispielsätze in der Gruppe besprochen. Zudem tauschen sich alle gemeinsam darüber aus, wie bestimmte Gefühle erreicht oder vermieden werden können.

Unterstützung im Chat

Die Teilnehmer werden in Kleingruppen mit jeweils fünf Personen aufgeteilt und treffen sich in einem eigenen Gruppenchat, nachdem folgende Rollen verteilt wurden:

- **A**: Ist heute schlecht gelaunt und kann B nicht leiden. Er findet, dass er/sie stinkt, schreibt das in den Gruppenchat und will einen Streit provozieren. (Damit beginnt das Rollenspiel.)
- **B**: Hat Angst vor A und würde es nie zu einem offenen Streit mit A kommen lassen, da er/sie Angst davor hat, dass A noch gemeiner wird. B ist über die Beleidigung aber sehr traurig.
- **C**: Findet A großartig und macht alles, was A sagt, da er/sie der beste Freund/die beste Freundin von A sein möchte.
- **D**: Findet weder A noch C besonders nett, denkt sich aber: „Solange die beiden auf B rumhacken, lassen sie mich in Ruhe. Und B müffelt wirklich manchmal ein bisschen.“
- **E**: Kann Ungerechtigkeit überhaupt nicht leiden, möchte aber immer, dass alle sich gut verstehen.

Die Teilnehmer kommen nun am eigenen Smartphone im Chat in ihren Rollen ins Gespräch und versuchen herauszufinden, wie sich diese Situation weiterentwickeln kann oder sollte. Nachdem jeder Teilnehmer jede Rolle einmal in der Kleingruppe übernommen hat, tauschen sich alle gemeinsam über die Ergebnisse aus.

Variation

Die Teilnehmer sitzen in ihren Kleingruppen zusammen und führen das Gespräch ohne Smartphones.

Material

Smartphones

43

Messenger-Tipp

Die Teilnehmer sitzen im Klassenraum an ihren Plätzen. Fünf Freiwillige werden ausgewählt und stellen sich nach vorn an die Tafel.
Es gibt drei Themenkategorien:

- Was habe ich gedacht, als ich dich das erste Mal gesehen habe? (z. B.: Coole Klamotten)
- Was denke ich heute von dir? (z. B.: Du hast immer gute Laune.)
- Eine kleine Baustelle, an der du noch arbeiten kannst. (z. B.: Nicht so schnell aufregen)

Nachdem eine Themenkategorie von der Spielleitung festgelegt wurde, senken die sitzenden Teilnehmer ihre Köpfe und schließen die Augen. Die fünf Freiwilligen wählen jeweils eine Person aus und notieren auf einem Zettel positiv formuliert, stichwortartig und in Druckschrift ihre Überlegung zu der ausgewählten Person. Wenn alle fünf Teilnehmer damit fertig sind, schleichen sie sich zwischen die Sitzenden, hinterlassen der ausgewählten Person ihre Nachricht und stellen sich wieder vorn an die Tafel, bevor die Spielleitung den Sitzenden sagt, dass sie ihre Augen öffnen dürfen.

Wer eine Nachricht hat, muss sie nicht vorlesen, darf aber raten, von wem diese ist. Wer richtig geraten hat, darf nach vorn kommen und mit dem Freiwilligen den Platz tauschen. Daraufhin folgt die nächste Runde mit einer weiteren Kategorie.

Variationen

- Themenkategorien können leicht erweitert werden, z. B.: „Was ich mir von dir wünsche.“/ „Was ich dir schon immer sagen wollte.“
- Es kann vorab vereinbart werden, dass die Nachrichten laut vorgelesen werden.

Hinweis

Mit diesem Spiel erfahren die Teilnehmer, wie die anderen über sie denken. Zudem lernen sie, ihre Meinung positiv zu formulieren.

Chat-Versteck

Alle Teilnehmer stehen zusammen und ein Freiwilliger wird ausgesucht. Der Freiwillige beginnt, mit verdeckten Augen zu zählen. Bevor sich die anderen Teilnehmer verstecken, tippt jeder den Freiwilligen kurz an und versteckt sich so schnell wie möglich, während der Freiwillige langsam und laut bis zu der Anzahl der Teilnehmer zählt (bei 20 Teilnehmern zählt er bis 20).
Anschließend öffnet der Freiwillige die Augen, macht drei Schritte und nennt laut die Namen der Teilnehmer, die er von dort sehen kann. Wenn niemand mehr zu sehen ist, beginnt der Freiwillige mit geschlossenen Augen laut rückwärts zu zählen und beginnt dabei mit der Zahl der noch versteckten Teilnehmer. Während der Freiwillige rückwärts zählt, kommen die Teilnehmer schnell aus ihren Verstecken, tippen den Freiwilligen erneut an und verstecken sich wieder. Nachdem der Freiwillige fertig gezählt hat, macht er wieder drei Schritte und nennt erneut alle Teilnehmer, die er sehen kann. Diese Abfolge wird wiederholt, bis nur noch ein Teilnehmer nicht gefunden wurde. Dieser ist der Chat-Versteck-König oder die Chat-Versteck-Königin.

Hinweis

Je mehr Spieler am Chat-Versteck teilnehmen, desto schwieriger ist es, sie zu finden. Hingegen hat ein einzelner Chat-Versteck-Spieler kaum eine Chance, sich zu verstecken. Die Spielleitung kann mit den Teilnehmern den Zusammenhang zum Cybermobbing thematisieren, bei dem es ähnlich ist.

Smart-Emotions-Memo

Nachdem ein Freiwilliger den Raum verlassen hat, finden sich die weiteren Teilnehmer zu Paaren zusammen. Die Paare einigen sich auf ein gemeinsames Gefühl, z. B. Freude.
Mit der Aufnahmefunktion des eigenen Smartphones nimmt jeder Teilnehmer das ausgewählte Gefühl in gesprochener Sprache auf. Jeder Teilnehmer spricht die Aufnahme dabei selbst. Das Wort (z. B. „Freude“) wird von beiden Partnern dem Gefühl angemessen ausgesprochen (z. B. fröhlich). Danach verteilen sich alle Teilnehmer durcheinander im Raum.
Nachdem der Freiwillige wieder im Raum ist, darf er einen Teilnehmer antippen, der daraufhin seine Aufnahme abspielt. Im nächsten Schritt wird ein zweiter Teilnehmer angetippt, der seine Aufnahme abspielt. Passen die beiden zusammen, wurde das erste Memo-Paar gefunden. Falls sie nicht zusammenpassen, macht die Spielleitung einen Strich an die Tafel. Der Freiwillige darf weiter tippen, bis alle Paare gefunden wurden.
Daraufhin folgt die nächste Runde mit einem anderen Freiwilligen.
Derjenige, der am Ende des Spiels die wenigsten Striche an der Tafel gesammelt hat, ist der Tagessieger.

Variation

Zusätzlich zu Gefühlen können verschiedene weitere Themen in den einzelnen Runden ausgewählt werden, z. B. Schimpfwörter, Komplimente oder Mobbing-Aussagen.

Hinweis

Diese Übung macht es möglich, auf spielerische Art und Weise, Gefühle, Schimpfwörter, Komplimente etc. zu thematisieren, für deren Bedeutung zu sensibilisieren und damit einen bewussteren Umgang zu fördern.

Material

Smartphones

46

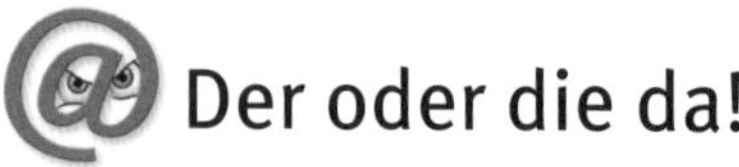

Der oder die da!

Die Teilnehmer sitzen im Kreis. Die Spielleitung beginnt mit einer Beleidigung über einen Unbekannten, die sie an ihren linken Sitznachbarn weitergibt. Die Spielleitung sagt beispielsweise: „Der ist dumm.“ Daraufhin fragt der linke Sitznachbar: „Wie ist der?“ Auf diese Frage antwortet die Spielleitung: „Der ist dumm.“ Im nächsten Schritt sagt der linke Sitznachbar zu seinem linken Sitznachbarn: „Der ist dumm.“ Dieser wiederum fragt: „Wie ist der?“ Sein rechter Sitznachbar kann die Frage aber nicht beantworten und fragt wiederum die Spielleitung: „Wie ist der?“ Die Spielleitung antwortet und schon wird die Antwort wieder weitergegeben.
Auf diese Art und Weise wird die Frage immer nur von der Spielleitung beantwortet und dann weitergegeben. Sobald sich die Beleidigung linksherum auf den Weg gemacht hat, schickt die Spielleitung auf dieselbe Art ein Kompliment rechtsherum. Ziel ist es, dass beide Aussagen fehlerfrei durch den Kreis wandern und wieder bei der Spielleitung ankommen.
In der nächsten Runde schicken einzelne Teilnehmer Nachrichten durch den Kreis.

Hinweise

- Je schwieriger die Aussagen sind und je schneller sie weitergeleitet werden, desto schwieriger wird das Spiel.
- Diese Übung zeigt eindrücklich, wie Nachrichten ohne Hinterfragen weitergeleitet werden, selbst ohne die betreffende Person zu kennen. Darüber hinaus wird deutlich, dass es schwieriger wird, je mehr Nachrichten einen erreichen. Aus den Erfahrungen dieses Spiel lassen sich wichtige Grundsätze für den Umgang mit Nachrichten erarbeiten.

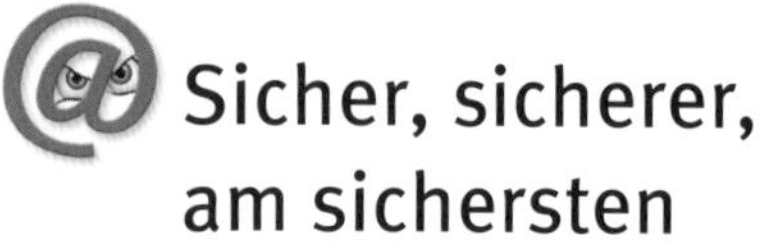

Sicher, sicherer, am sichersten

Jeder Teilnehmer ordnet im ersten Schritt für sich selbst die folgenden Aussagen nach Wichtigkeit, wobei er mit der wichtigsten Aussage beginnt und mit der unwichtigsten aufhört. Im nächsten Schritt einigen sich die Teilnehmer auf eine gemeinsame Liste. Zu jedem Punkt werden zusätzlich die möglichen Gefahren und Risiken besprochen, die im Zusammenhang mit der jeweiligen Aussage stehen.

Aussagen

- Nutze sichere Passwörter.
- Sei geizig mit deinen Daten, z. B. mit deinem vollständigen Namen.
- Verwende keine Bilder in sehr guter Qualität für dein Profil.
- Veröffentliche nie Anschrift, Geburtsdatum, Telefonnummer, E-Mail-Adresse oder den Namen deiner Schule.
- Verwende nur Bilder für dein Profil, an denen du auch die Rechte hast.

- Überdenke kritisch jede private Information, die du öffentlich zugänglich machst.
- Achte darauf, welche Inhalte du weiterleitest.
- Füge nur Freunde zu deinem Profil hinzu, die du aus dem realen Leben kennst.
- Gewalt, Pornografie oder Kettenbriefe darfst du nicht weiterverbreiten.

Stigma-Spaziergang

Jeder Teilnehmer schreibt auf ein DIN-A4-Blatt eine Beleidigung in der Ich-Form, z.B.: Ich lüge./Ich klaue./Ich bin gemein./Ich bin ein schlechter Freund./Ich schlage Schwächere. Im nächsten Schritt werden die Blätter mit der Schrift nach unten auf den Boden gelegt, bevor sich jeder Teilnehmer ein Blatt nimmt und sich dieses gut sichtbar mit Kreppklebeband auf die Brust klebt. Daraufhin spazieren die Teilnehmer kreuz und quer durch den Raum. Sobald sich zwei Teilnehmer begegnen, erklären sie sich gegenseitig, warum die Aussage auf dem eigenen Blatt auf keinen Fall auf sie persönlich zutrifft. Wenn alle Teilnehmer miteinander gesprochen haben, wird der Spaziergang beendet und die Herausforderungen dieser Aufgabe werden gemeinsam besprochen. Diese Übung verdeutlicht, was es heißt, mit einem Stigma in einer Gruppe zu sein, und wie schwierig es ist, dies loszuwerden. Mit der Übung werden die Teilnehmer für die Opferrolle sensibilisiert.

Material

Kreppklebeband

Gedisst

Markus und Helena haben Phil sowohl in der Klassengruppe als auch bei Snapchat „hart gedisst“. Nachdem Phil sogar häufiger in der Schule gefehlt hat, haben Markus und Helena Post von der Polizei erhalten. Ihnen werden Straftaten nach folgenden Paragrafen vorgeworfen:
§ 185 StGB, § 186 StGB, § 187 StGB, § 240 StGB, § 241 StGB, § 201a StGB, § 131 StGB, § 22 KunstUrhG

Die Teilnehmer recherchieren gemeinsam im PC-Raum oder auf ihren Smartphones. Im Anschluss besprechen sie, was Markus und Helena wohl gemacht haben, und mit welcher Strafe die beiden rechnen sollten.

50

Material

Smartphones oder PC-Raum

Don Bosco MiniSpielothek
Klein, fein, alles drin

ISBN 978-3-7698-2520-6

ISBN 978-3-7698-2521-3

ISBN 978-3-7698-2509-1

ISBN 978-3-7698-2510-7

ISBN 978-3-7698-2503-9

ISBN 978-3-7698-2498-8

ISBN 978-3-7698-2497-1

ISBN 978-3-7698-2466-7

ISBN 978-3-7698-2465-0